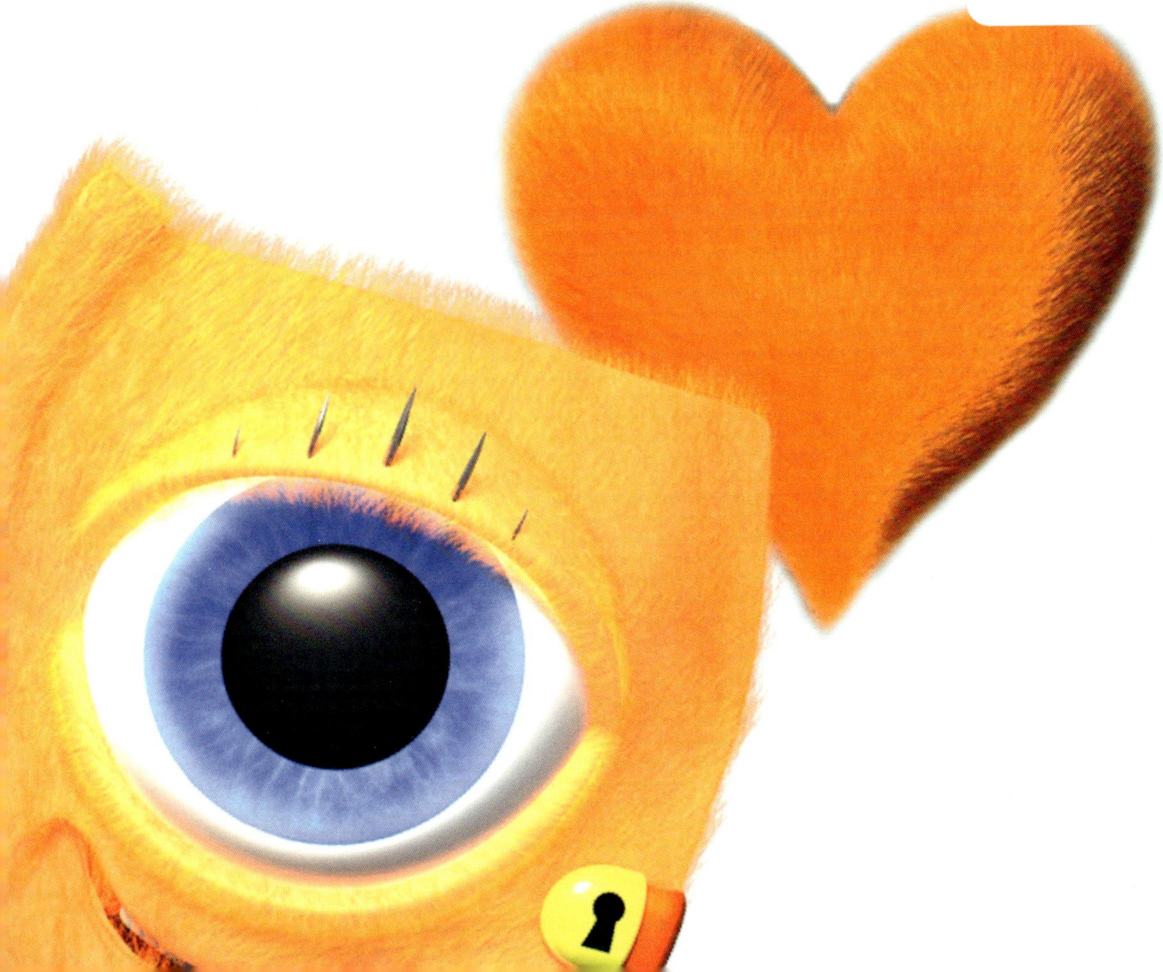

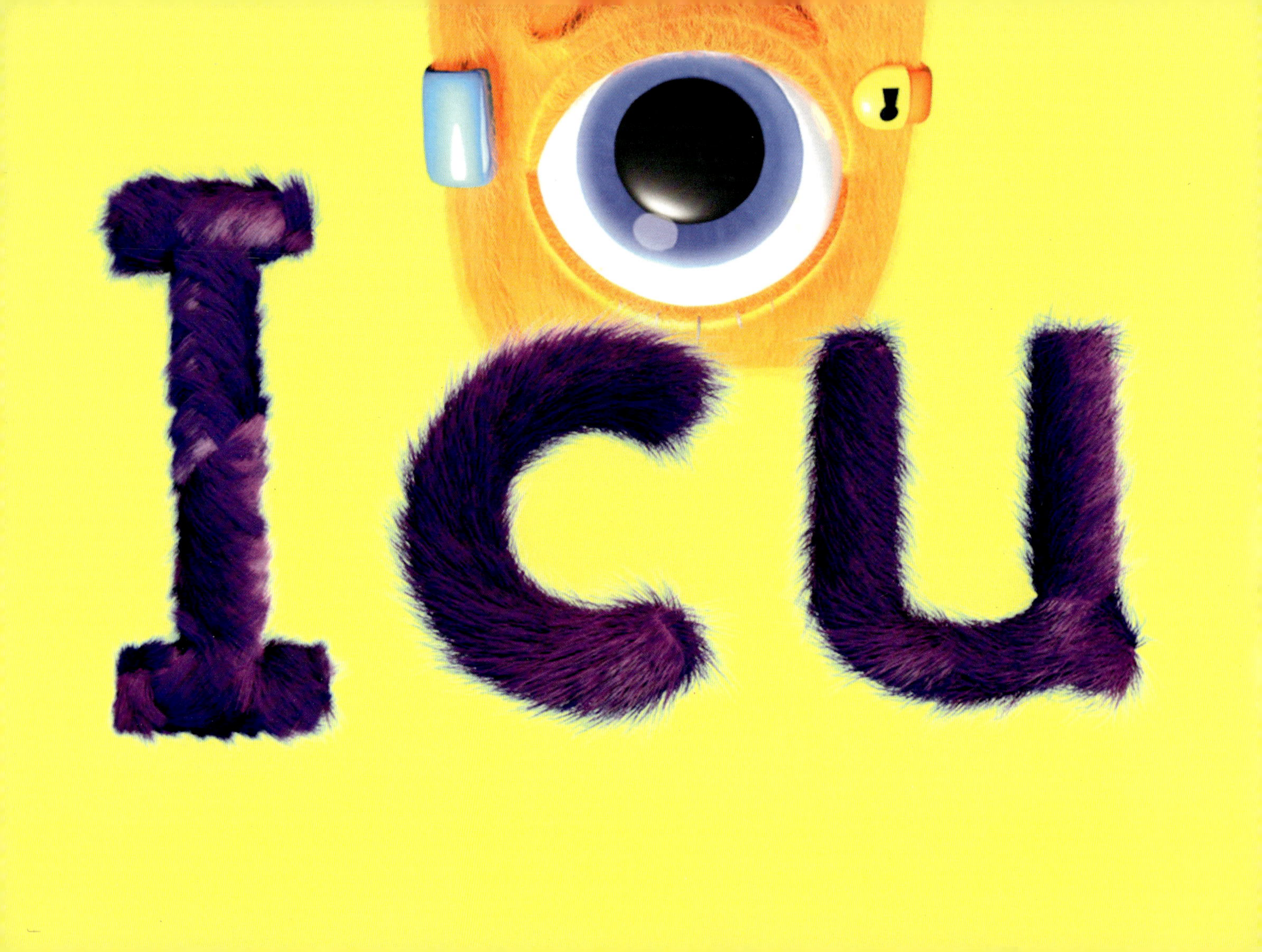
ICU

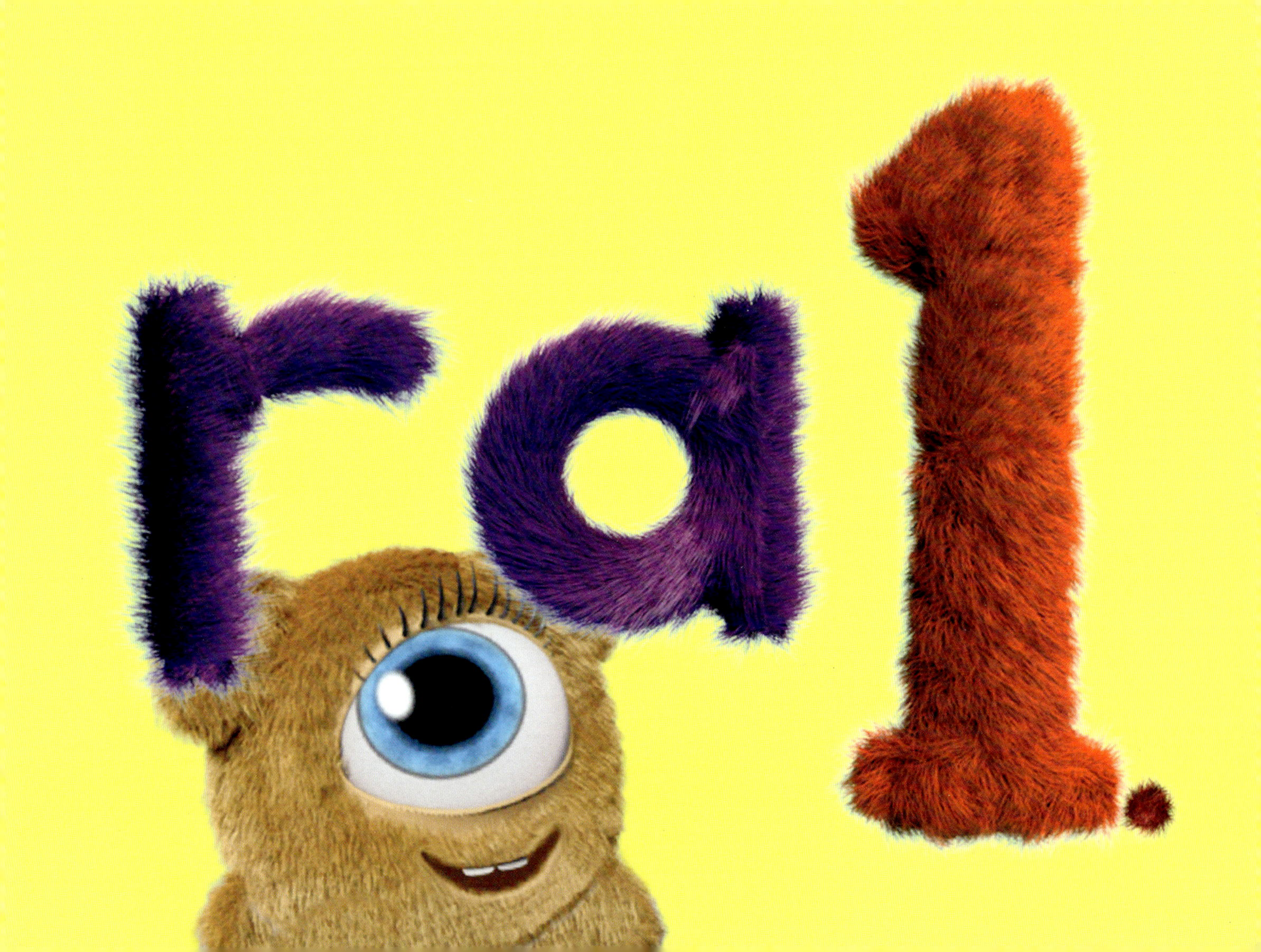
ral.

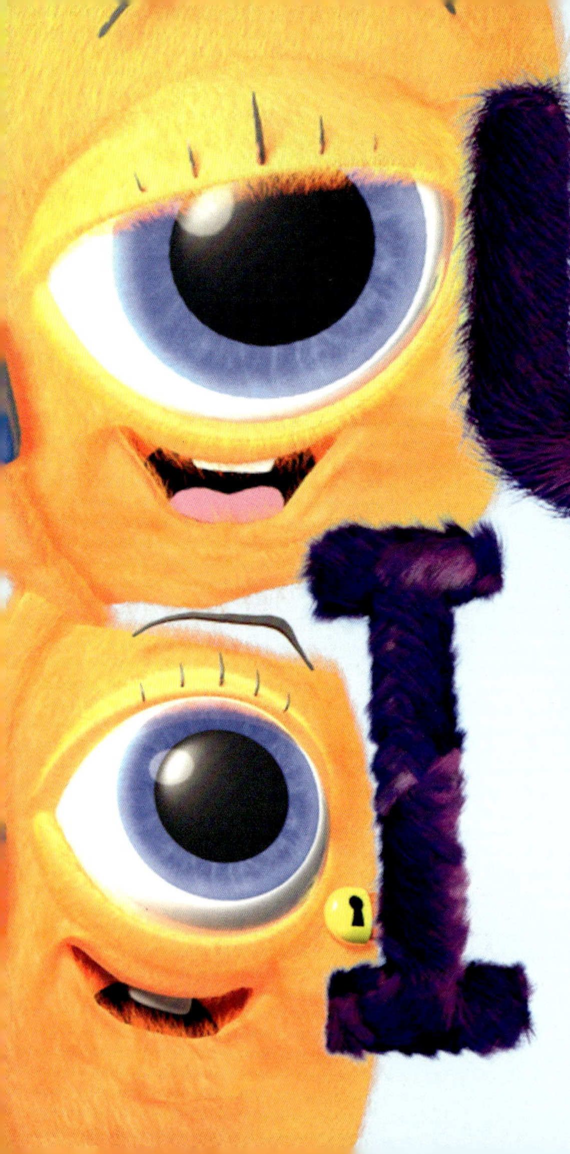

U-U.

I C U

ra2.

E-e-e.

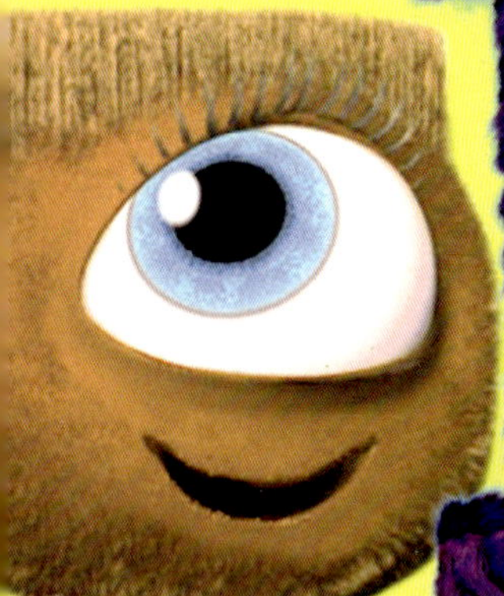

I c u

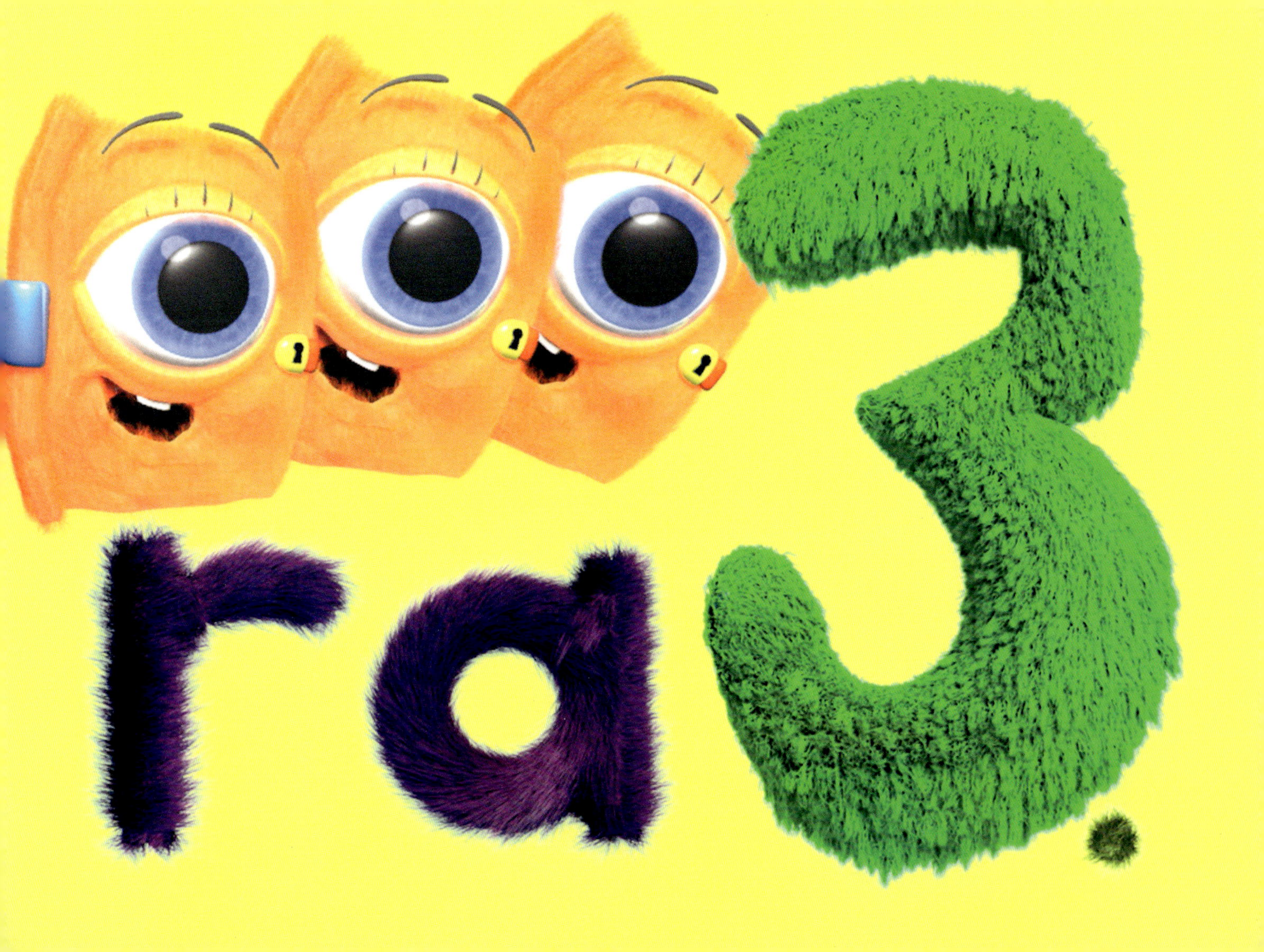
ra3.

R-r-r.

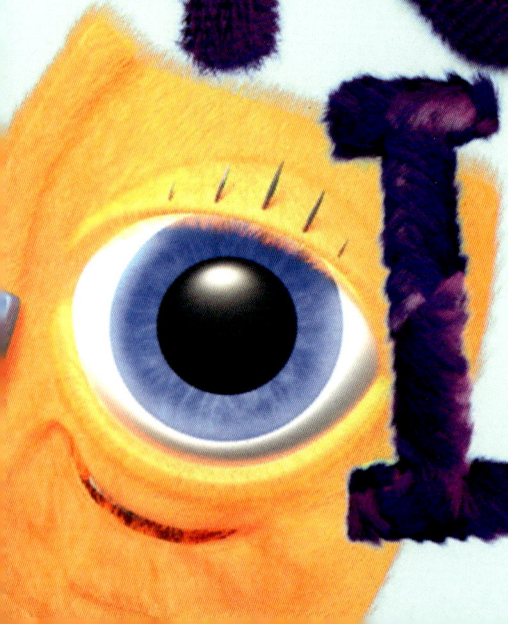

Icu

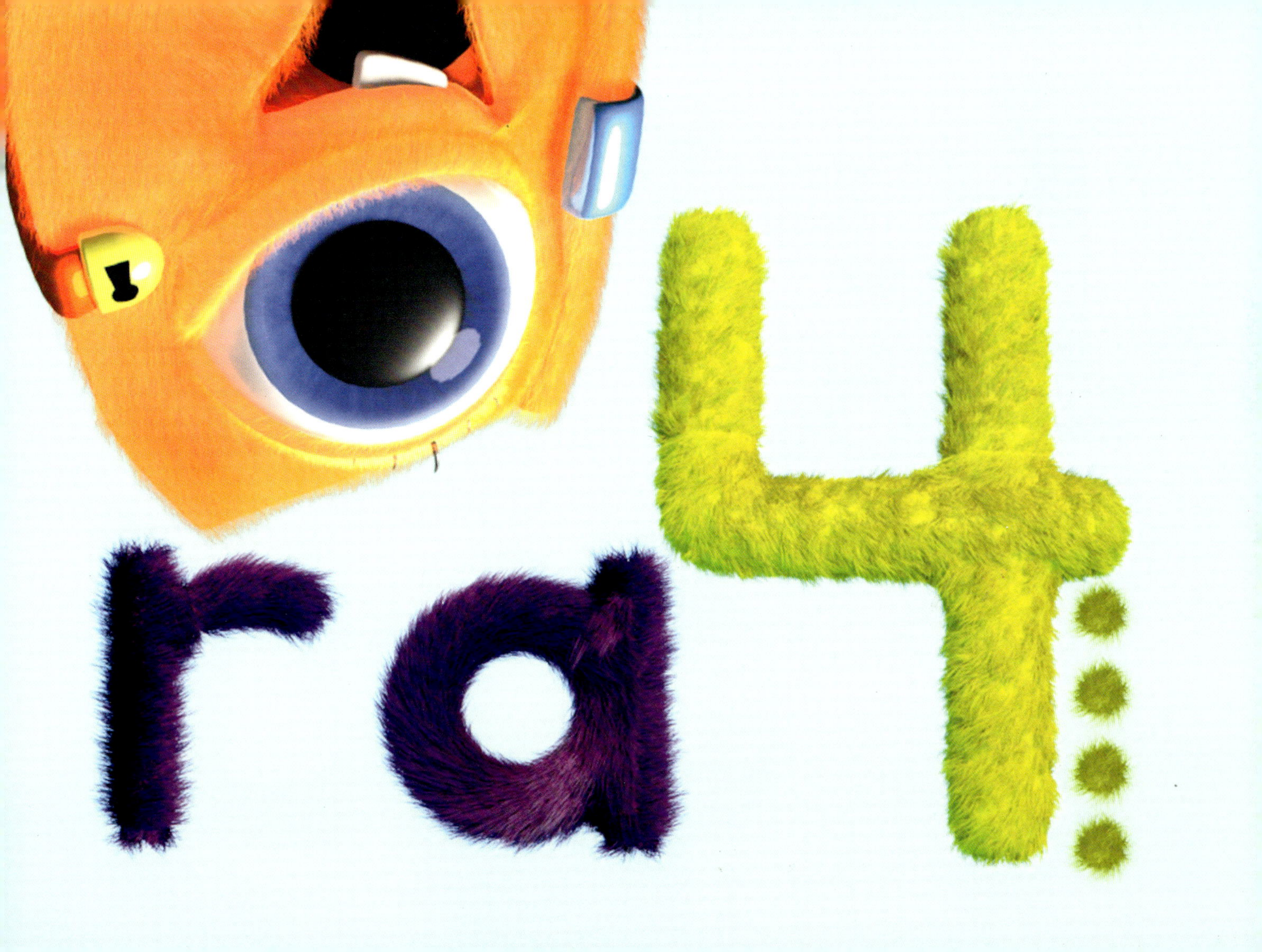
ra
4

I-i-i.

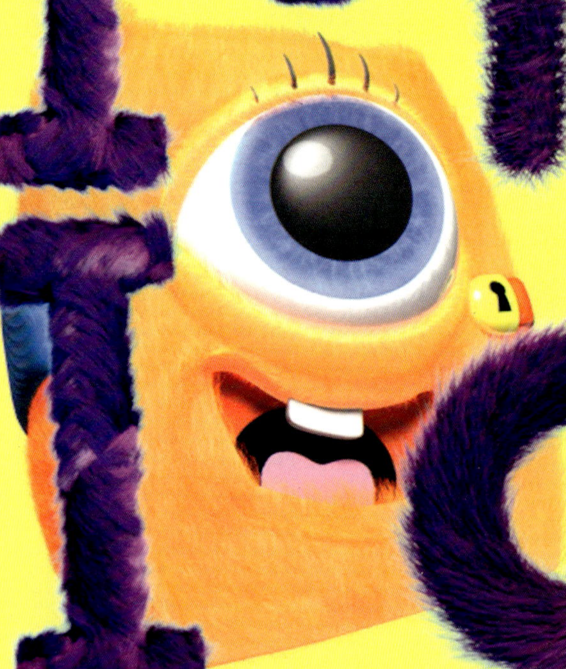

I c u

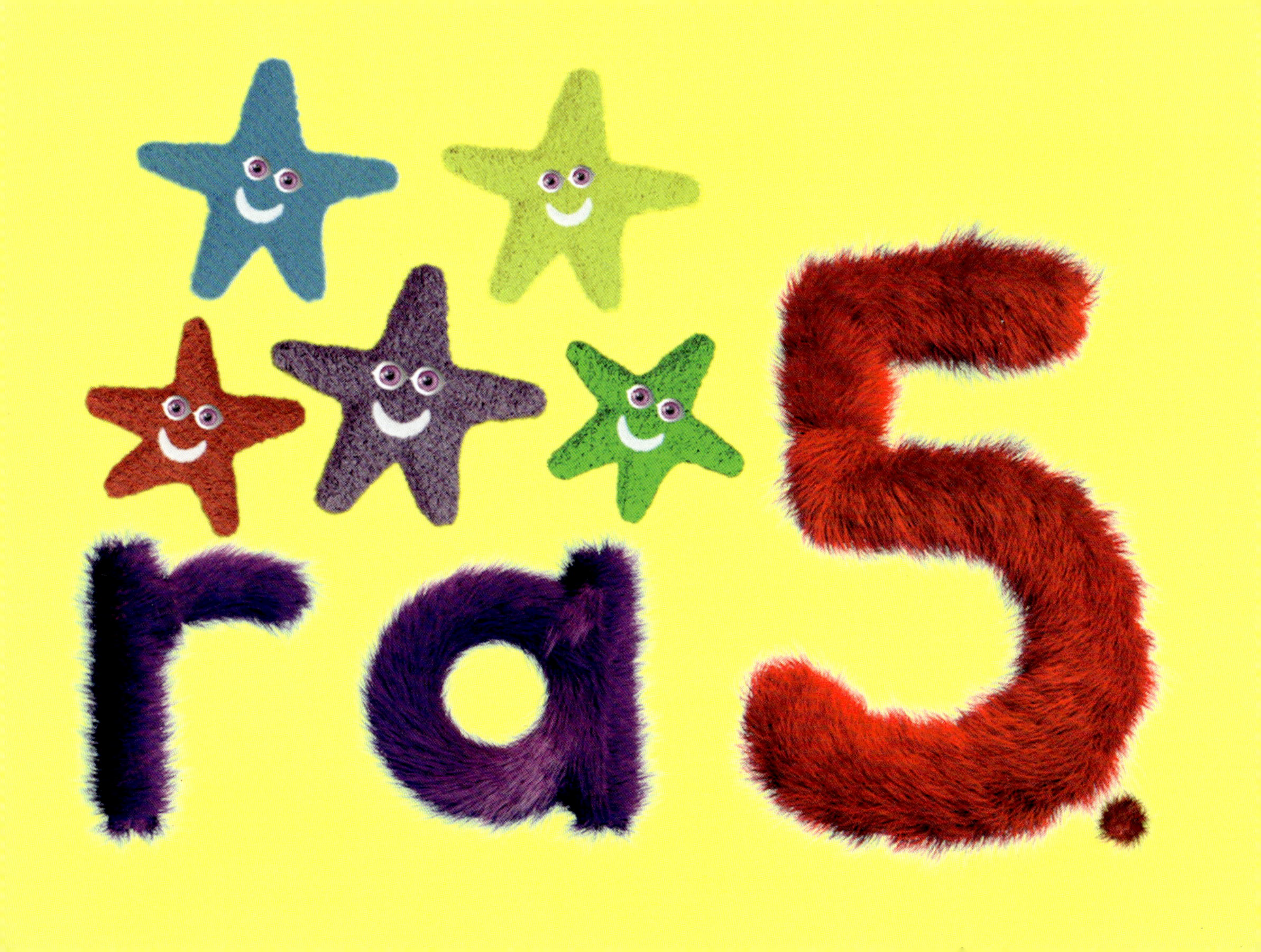
ra5.

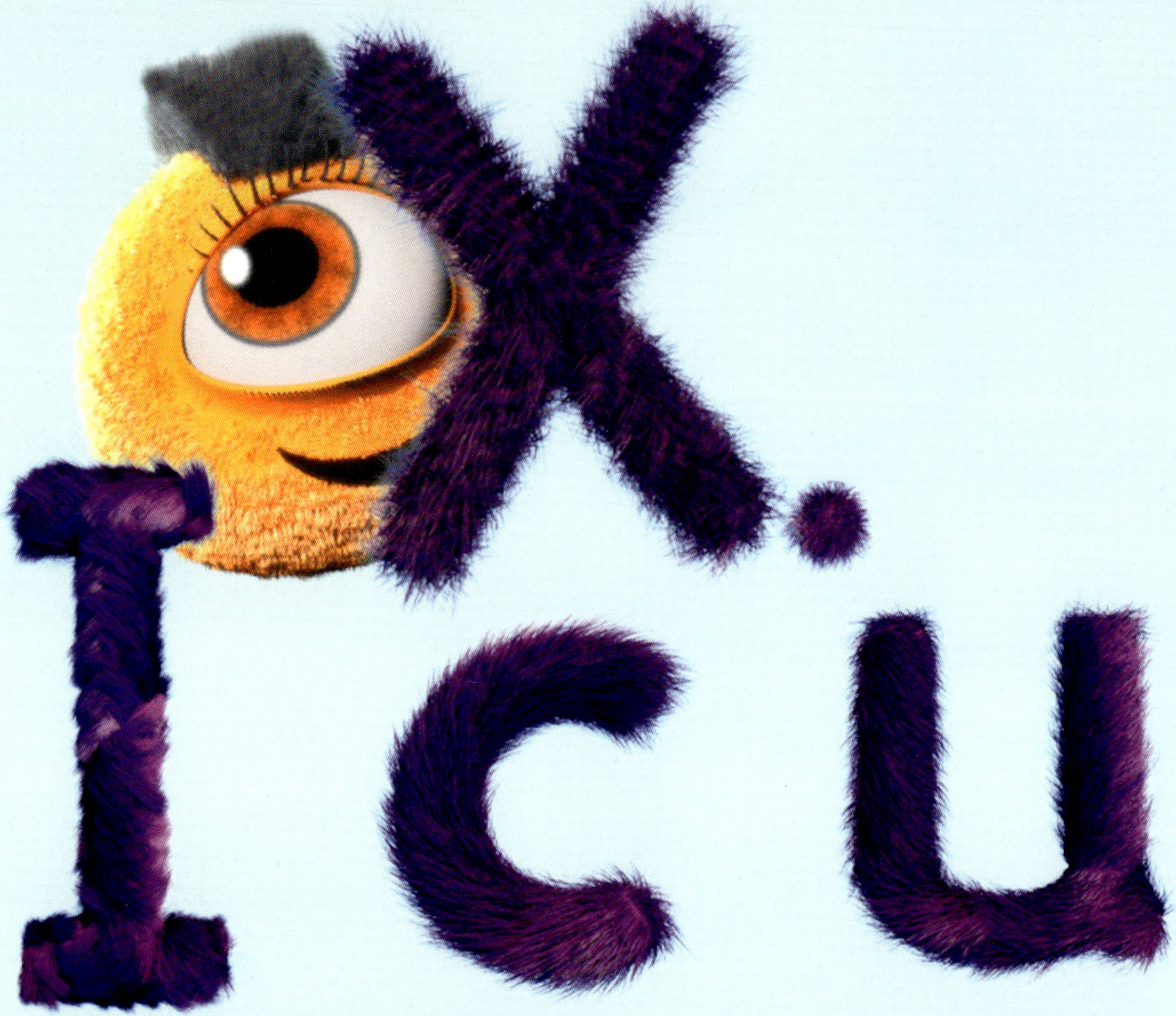
X.
I c u

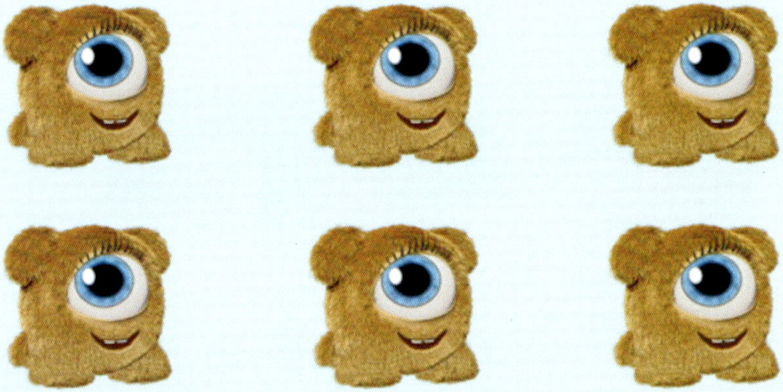

ra 6.

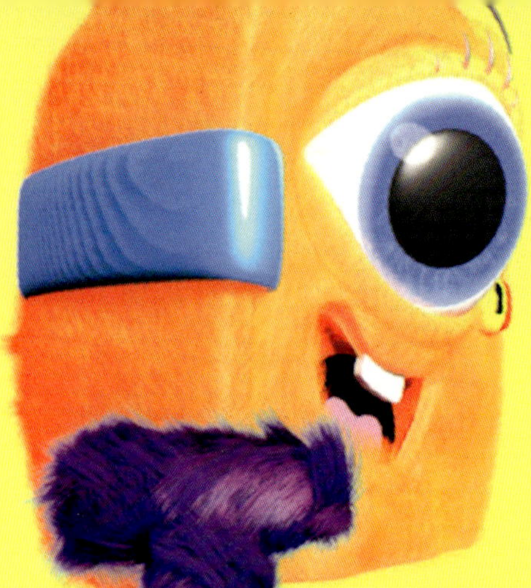

N-n.

I C U

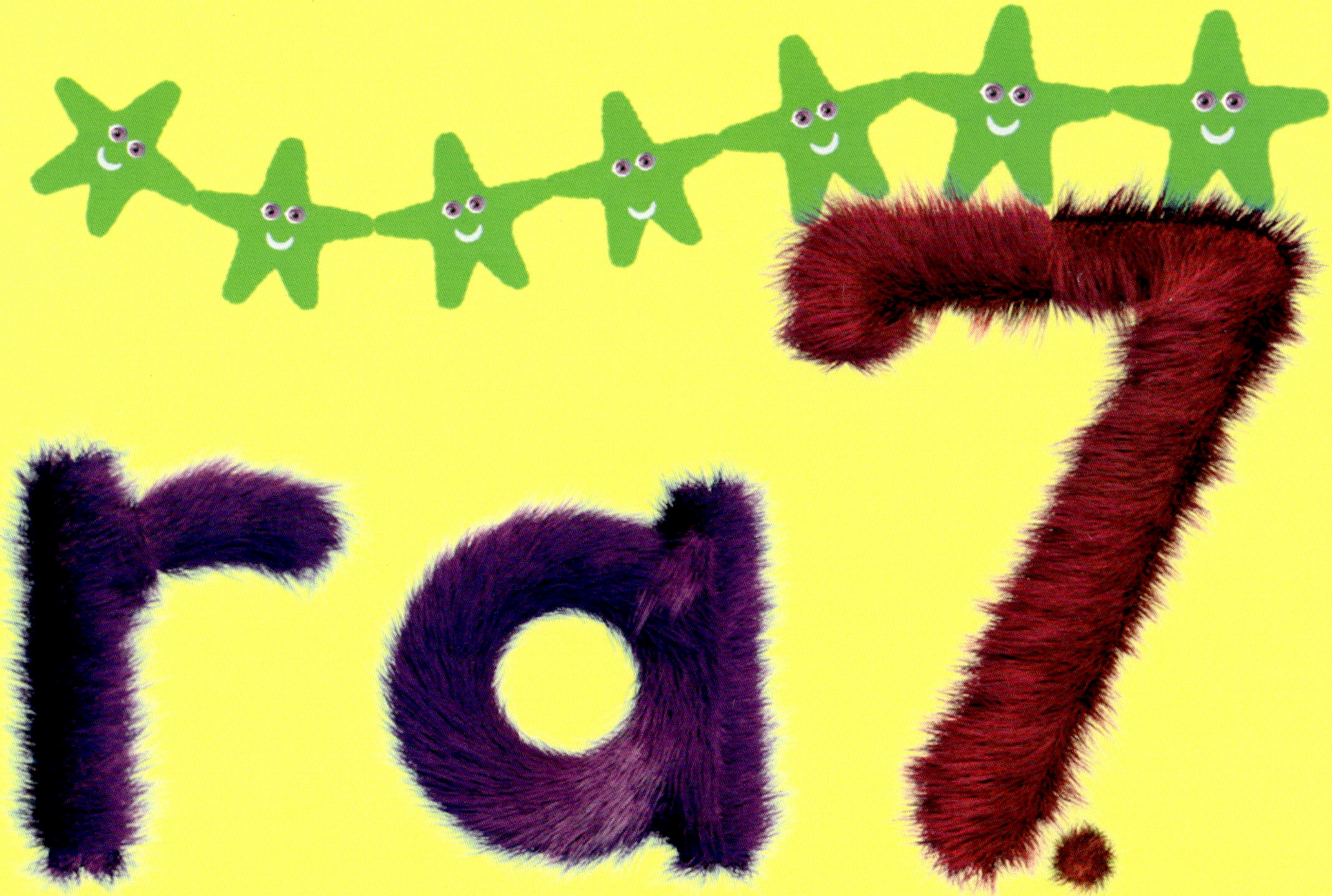
ra7.

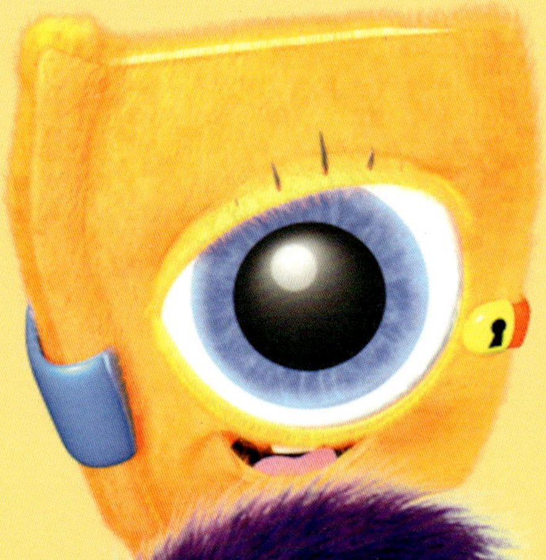

I c u

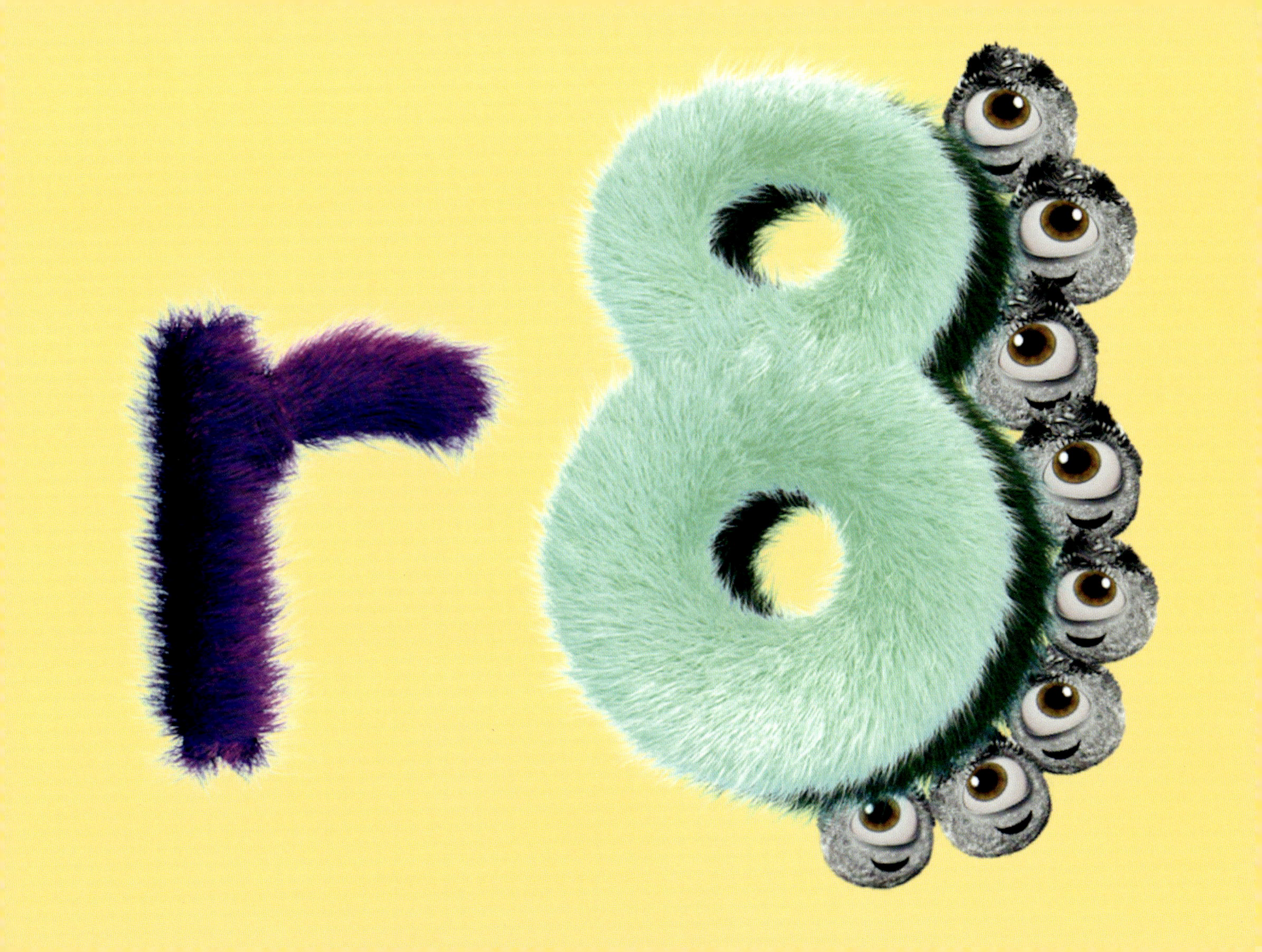

I cu

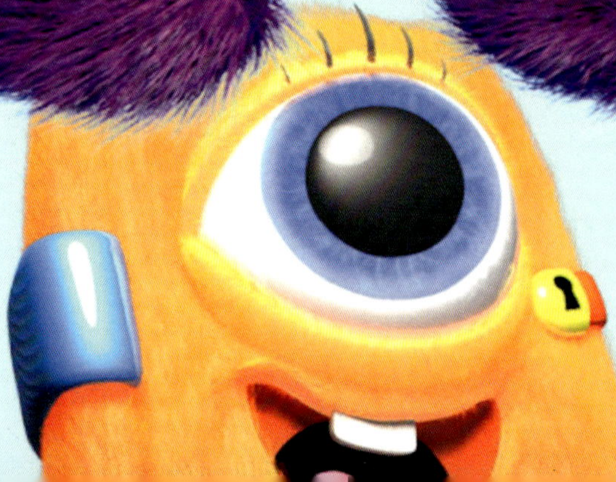

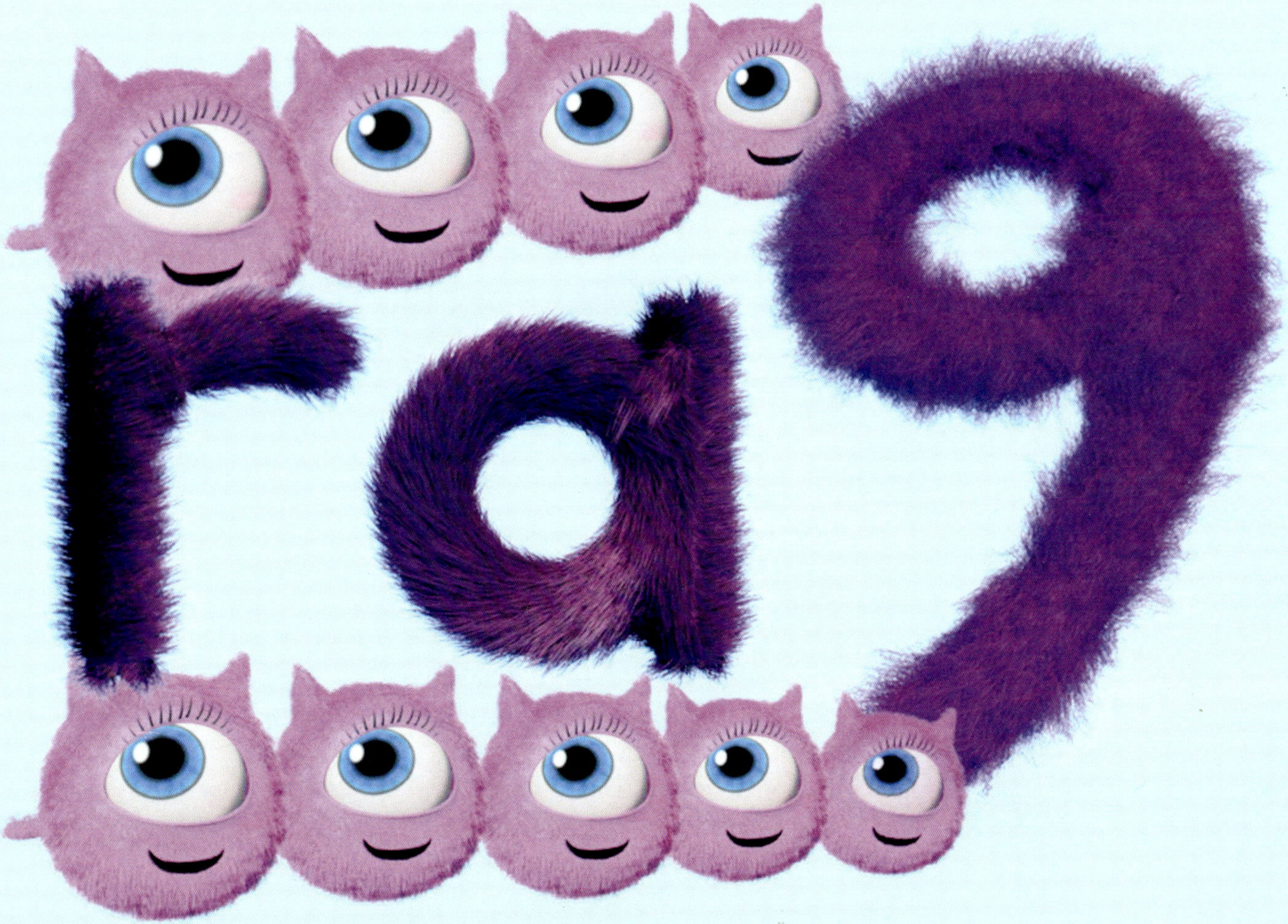
ra9

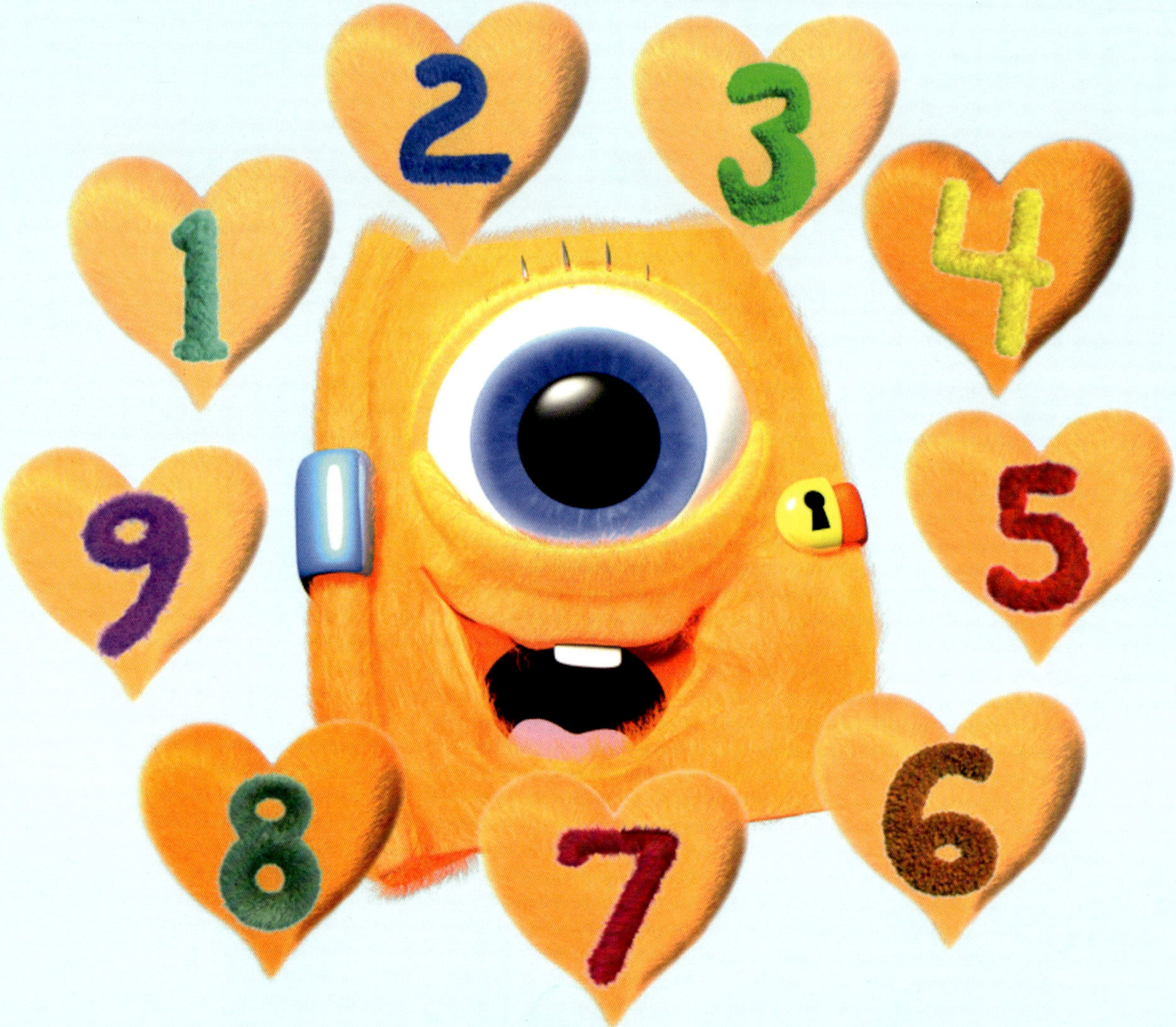
1
2
3
4
5
6
7
8
9

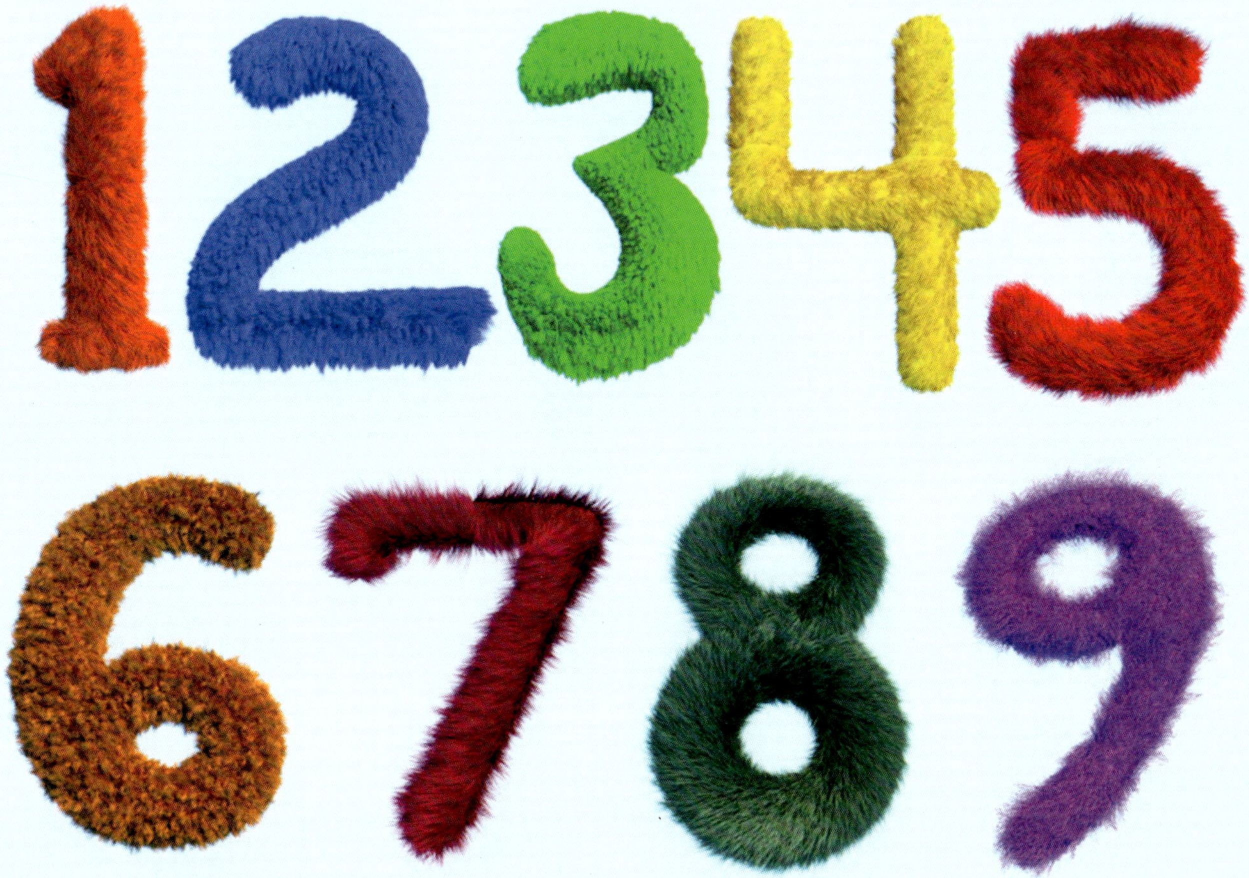
12345
6789

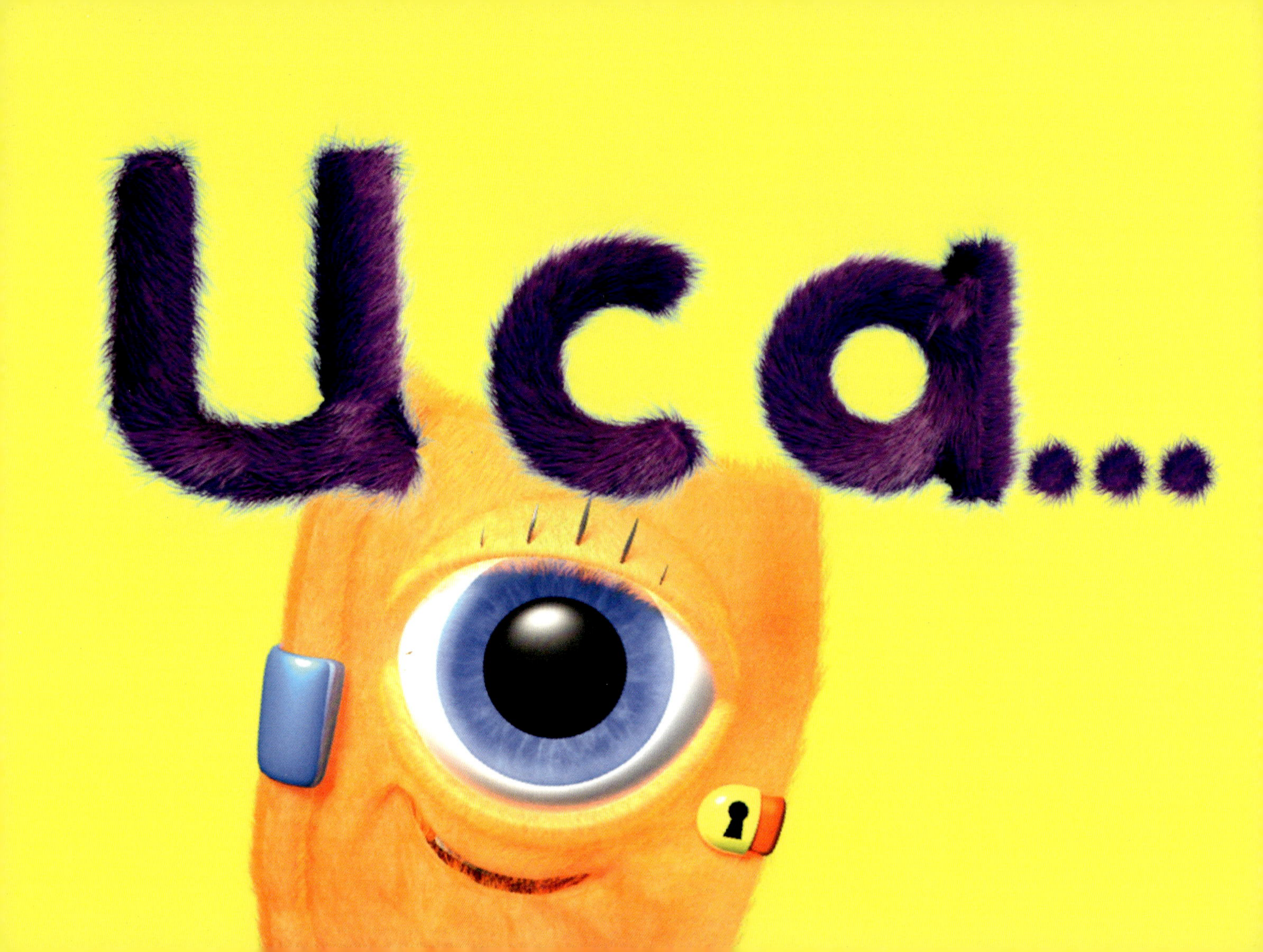
Uca...

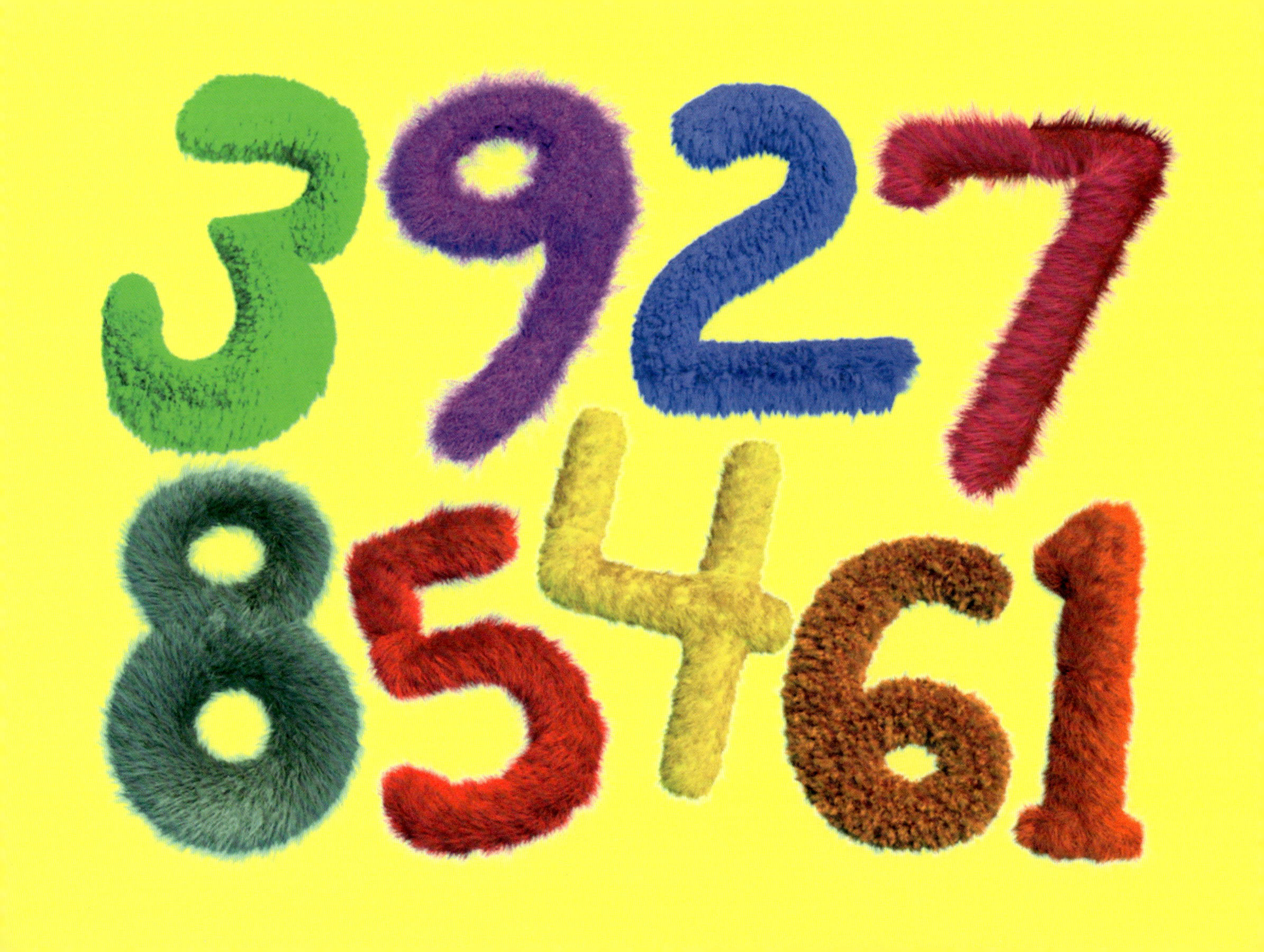
3927
85461

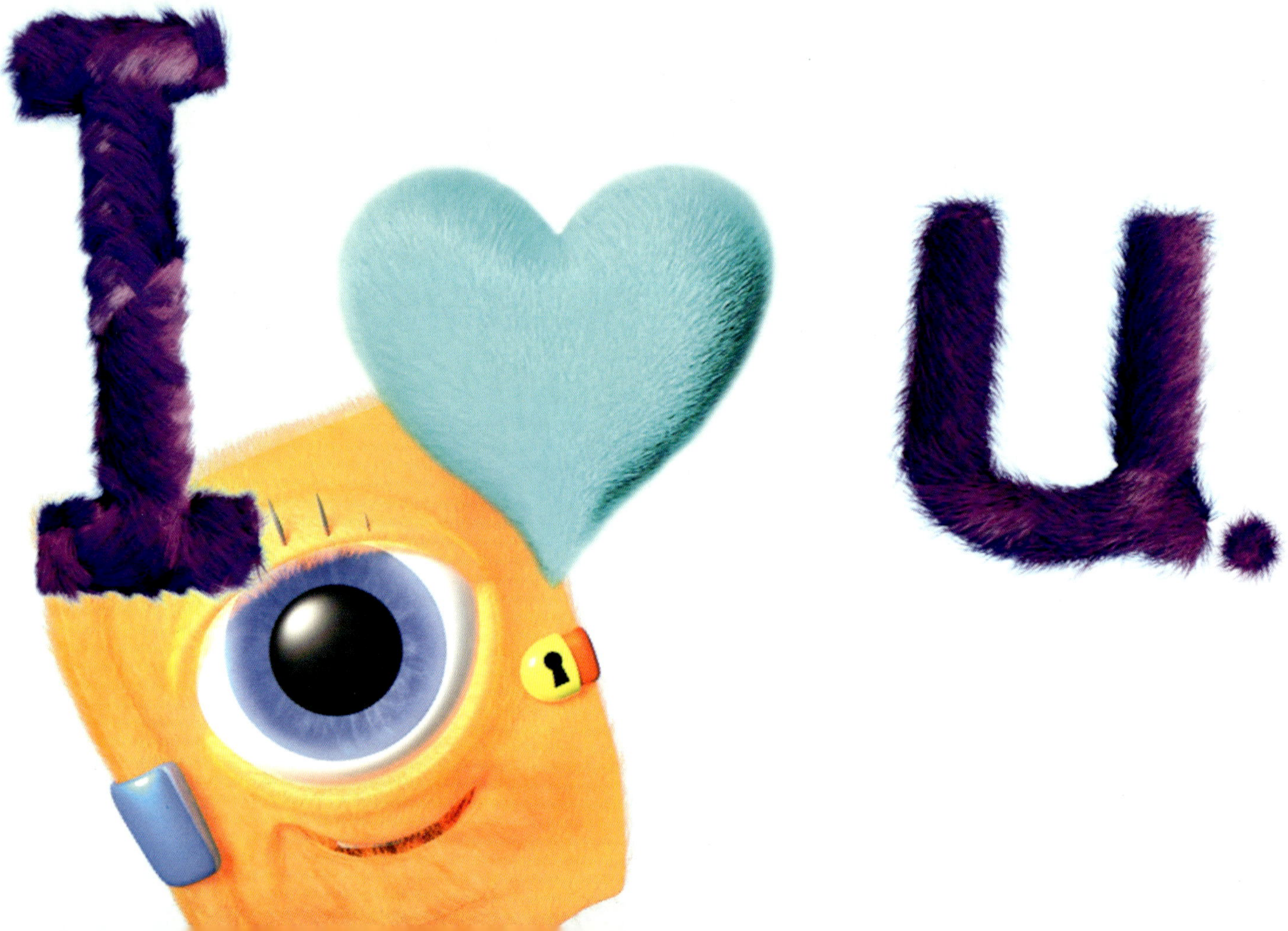
I ♥ u.

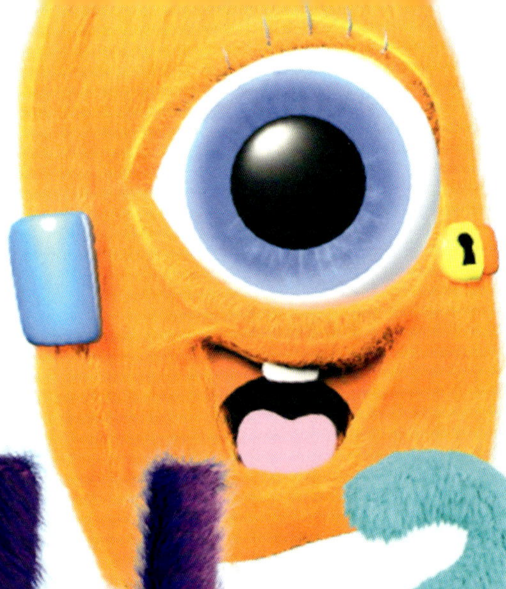

I ♥ U2.